Belo belo

Cecília Meireles e Manuel Bandeira.

Cecília, és tão forte e tão frágil
Como a onda ao termo da luta.
Mas a onda é água que afoga:
Tu, não, és enxuta.

Cecília, és, como o ar,
Diáfana, diáfana.
Mas o ar tem limites:
Tu, quem te pode limitar?

Matéria do jornal carioca *A Noite*, de 2 de setembro de 1940, noticiando a visita de Bandeira à redação do jornal, dias antes de sua posse como membro da Academia Brasileira de Letras.

Ponte Buarque de Macedo, Recife, 1916.

Saí menino de minha terra.
Passei trinta anos longe dela.
De vez em quando me diziam:
Sua terra está completamente mudada,
Tem avenidas, arranha-céus...
É hoje uma bonita cidade!

Meu coração ficava pequenino.

Manuel Bandeira, foto com dedicatória: "A Chico [Francisco de Assis Barbosa] e Eunice, afetuosamente. Manuel – Rio 1942".

Manuel Bandeira na sala de seu apartamento na Avenida Beira-Mar, Rio, 1961.

Manuel Bandeira

Belo belo

Apresentação
Aleilton Fonseca

Coordenação Editorial
André Seffrin

São Paulo
2014

© **Condomínio dos Proprietários dos Direitos Intelectuais de Manuel Bandeira**
Direitos cedidos por Solombra – Agência
Literária (solombra@solombra.org)
1ª Edição, Global Editora, São Paulo 2014

Jefferson L. Alves – diretor editorial
Gustavo Henrique Tuna – editor assistente
André Seffrin – coordenação editorial, estabelecimento de texto, cronologia e bibliografia
Flávio Samuel – gerente de produção
Flavia Baggio – assistente editorial
Elisa Andrade Buzzo – revisão
Eduardo Okuno – projeto gráfico

Imagens:
Capa, p. 2, 3 e 6: acervo pessoal de Manuel Bandeira, ora em guarda no Arquivo-Museu de Literatura Brasileira / Fundação Casa de Rui Barbosa-RJ.
p. 4: Fundação Biblioteca Nacional-RJ.
Todas as iniciativas foram tomadas no sentido de estabelecer-se as suas autorias, o que não foi possível em todos os casos. Caso os autores se manifestem, a editora dispõe-se a creditá-los.
A Global Editora agradece à Solombra – Agência Literária pela gentil cessão dos direitos de imagem de Manuel Bandeira.

Obra atualizada conforme o
NOVO ACORDO ORTOGRÁFICO DA LÍNGUA PORTUGUESA

CIP-BRASIL. CATALOGAÇÃO NA FONTE
SINDICATO NACIONAL DOS EDITORES DE LIVROS, RJ

B166b
   Bandeira, Manuel, 1886-1968
     Belo belo / Manuel Bandeira ; organização André Seffrin. – 1. ed. – São Paulo : Global, 2014.

     ISBN 978-85-260-2103-7

     1. Poesia brasileira. I. Seffrin, André. II. Título.

14-14429   CDD: 869.91
                                                                         CDU: 821.134.3(81)-1

Direitos Reservados

global editora e distribuidora ltda.
Rua Pirapitingui, 111 – Liberdade
CEP 01508-020 – São Paulo – SP
Tel.: (11) 3277-7999 – Fax: (11) 3277-8141
e-mail: global@globaleditora.com.br
www.globaleditora.com.br

Colabore com a produção científica e cultural.
Proibida a reprodução total ou parcial desta obra sem a autorização do editor.

Nº de Catálogo: **3738**

Belo belo

A vida fluindo na voz do poeta

Manuel Bandeira lançou *Belo belo*, seu sétimo livro de poesia, em 1948. Era então um poeta já consagrado pelo sucesso dos livros anteriores. Desde a sua estreia, com *A cinza das horas* (1917), ainda marcado por reminiscências simbolistas, o poeta evoluíra rapidamente para a criação de uma nova poesia, que se apresenta em *Carnaval* (1919) e *O ritmo dissoluto* (1924), nos quais os elementos modernos vão se tornando mais dominantes, e que se consolida a partir de *Libertinagem* (1930), *Estrela da manhã* (1936) e *Lira dos cinquent'anos* (1940). Nestes livros sua poesia se apresenta visceralmente inovadora, como uma das vertentes mais fecundas da lírica brasileira do século XX. De fato, Bandeira renova a concepção do verso e temperava as propostas iniciais do modernismo com um lirismo novo, reflexões sobre o fazer poético, produzindo poemas emblemáticos, de ritmo suave, temas cotidianos tratados com leveza, exibindo uma musicalidade ágil, com perfeito equilíbrio entre assunto e forma, procedimentos que constituem a marca diferencial de sua obra.

Belo belo é bastante representativo da obra de Manuel Bandeira, na medida em que pode ser visto como uma síntese de sua poética, enfeixando poemas que abrangem as características de seu lirismo, seus temas prediletos e sua linguagem pessoal. Observamos aqui o pleno domínio do verso, a inventividade semântica, o gosto pelos torneios de frases e expressões novas, o jogo de nuances dos significados, a requalificação das palavras no contexto do poema, o poder de sugestão dos sentidos, o deslizamento das noções para as figurações metafóricas. E tudo isso com simplicidade exemplar, com noção de limite, exatidão de propósito e senso de adequação.

Em *Belo belo*, como em outros livros, Manuel Bandeira diversas vezes aproxima a forma do verso ao ritmo de um diálogo, como se dissesse o poema a um interlocutor, a quem se dirige para exaltar ou convencer. Esse procedimento atrai a atenção e o afeto do leitor para a atmosfera do poema, dando-lhe a impressão de familiaridade com a voz do poeta. Podemos perceber essa sensação de proximidade já no poema inicial, intitulado "Brisa", que traduz um convite ao idílio lírico. O lugar de origem é visto como *locus amoenus* da vida amorosa, liberta das amarras convencionais da vida comum, prosaica e cotidiana:

> Vamos viver no Nordeste, Anarina.
>
> Deixarei aqui meus amigos, meus livros, minhas riquezas,
>
> > [minha vergonha.
>
> Deixarás aqui tua filha, tua avó, teu marido, teu amante.
>
> Aqui faz muito calor.
>
> No Nordeste faz calor também.
>
> Mas lá tem brisa:
>
> Vamos viver de brisa, Anarina.[1]

Esse tom afável de prosa lírica marca vários poemas do livro, nos quais o poeta ora homenageia seus amigos, poetas de sua predileção, ora exalta as qualidades de amigos mortos. Em "Improviso", afirma: "Cecília, és libérrima e exata/ Como a concha."[2] Já em "Esparsa triste" lembra Jaime Ovalle, em seus treze anos de morte.

---

1 BANDEIRA, Manuel. Brisa. In: _____. *Belo belo*. São Paulo: Global Editora, 2014, p. 21.
2 Idem. Improviso. Ibidem, p. 33.

Outro poema é uma amigável "Resposta a Vinicius". Nessa vertente, o mais tocante é o poema "A Mário de Andrade ausente", no qual lamenta a perda do amigo, afirmando sua permanência na memória:

> Anunciaram que você morreu.
>
> Meus olhos, meus ouvidos testemunham:
>
> A alma profunda, não.
>
> Por isso não sinto agora a sua falta.[3]

A atenção e a cortesia do poeta como modo de ser e de tratar chegam ao exemplo máximo no poema "Escusa", dirigido ao poeta Eurico Alves. O poeta baiano dedicara a Bandeira um longo poema, no qual descreve as bonanças da vida na fazenda e o convida a visitar as paisagens agrárias e naturais da região de Feira de Santana, no semiárido baiano:

> Manuel Bandeira, a subida da serra é um plágio da vida.
>
> Poeta, me dê esta mão tão magra acostumada a bater nas teclas
>
> da desumanizada máquina fria
>
> e venha ver a vida da paisagem
>
> onde o sol faz cócegas nos pulmões que passam
>
> e enche a alma de gritos da madrugada.[4]

Um convite ao qual o poeta que queria ir-se embora para Pasárgada paradoxalmente não pôde atender. Recusou o chamado, mas respondeu com pesar, explicando ao "poeta da roça" a sua condição de homem preso à vida urbana e suas terríveis vicissitudes:

---

3   Idem. A Mário de Andrade ausente. Ibidem, p. 43.
4   Elegia a Manuel Bandeira. In: ALVES, Eurico. *Poesia*. Salvador: Empresa Gráfica da Bahia, 1990, p. 64-65, (org. sel. e not. Maria Eugênia Boaventura).

Eurico Alves, poeta baiano,
Salpicado de orvalho, leite cru e tenro cocô de cabrito,
Sinto muito, mas não posso ir a Feira de Sant'Ana.

Sou poeta da cidade.

[...]

Eurico Alves, poeta baiano,
Não sou mais digno de respirar o ar puro dos currais da roça.[5]

As reflexões existenciais, sempre amenas e compreensivas, sobre a vida e suas circunstâncias constituem um dos temas recorrentes do poeta. Aqui aparecem em poemas como "Tema e voltas". Uma indagação se repete a cada uma das quatro estrofes, com variações nas respostas, no mesmo tom de convite a uma adequação à liberdade da vida simples, marcada pelo ritmo natural e tranquilo da natureza, figurada pela noite:

Mas para quê
Tanto sofrimento,
Se nos céus há o lento
Deslizar da noite?[6]

Essa reflexão se adensa, no entanto, no poema de observação social, em que a denúncia da condição humana aviltada ganha um tratamento de choque, nos versos de "O bicho". Trata-se de um poema antológico em que o eu lírico lamenta, com consternação, uma cena urbana inaceitável:

---

5 BANDEIRA, Manuel. Escusa. In: _____. *Belo belo*. São Paulo: Global Editora, 2014, p. 25.
6 Idem. Tema e voltas. Ibidem, p. 27.

Vi ontem um bicho

Na imundície do pátio

Catando comida entre os detritos.

[...]

O bicho, meu Deus, era um homem.[7]

As reminiscências religiosas assomam em "Canto de Natal", assim como no bem-humorado "Poema para Santa Rosa" e no terno poema "Presepe". São passagens em que as recordações e a formação familiar do poeta aparecem como parte de uma cultura religiosa tradicional, com ênfase em valores de agregação afetiva e busca de transcendência para além da vida cotidiana.

A visão lírica da natureza, não como refúgio e fuga, mas como lugar de existência da poesia como estado de vida plena, leva o eu lírico a visualizar suas origens, sua formação, suas paisagens prediletas. Assim, podemos observar em "Sextilhas românticas" uma leve evocação à "Canção do exílio", de Gonçalves Dias, da poesia sentimental de Casimiro de Abreu, e do romance amoroso de José de Alencar, em face das memórias das paisagens originais que o poeta moderno registra, com acento diverso, porém admitindo os ecos do romantismo em sua formação:

Paisagens da minha terra,

Onde o rouxinol não canta

– Mas que importa o rouxinol?

Frio, nevoeiros da serra

Quando a manhã se levanta

Toda banhada de sol!

Sou romântico? Concedo.[8]

---

7 Idem. O bicho. Ibidem, p. 63.
8 Idem. Sextilhas românticas. Ibidem, p. 31.

Essa veia de sua criação poética o faz viajar através das paisagens da infância, outra marca profunda de sua lírica, recuperando pela memória as vivências pretéritas, em que passa a limpo a sua trajetória de vida. Observamos isso em poemas como "Visita noturna", "Minha terra", "Presepe" e o expressivamente longo poema "Infância". O poeta demonstra consciência e aceitação diante das mudanças impostas pelo tempo e pelas transformações do "progresso". Mas não se recusa a declarar seu amor à terra natal, rememorar os lugares por onde passou, aviventando as marcas de sua infância, em poemas nos quais ele as *recorda*, trazendo-as de volta ao coração. E assim conclui o poema e o livro:

> Com dez anos vim para o Rio.
>
> Conhecia a vida em suas verdades essenciais.
>
> Estava maduro para o sofrimento
>
> E para a poesia.[9]

O poema mais célebre de *Belo belo* é, sem dúvida, "Nova poética", no qual Manuel Bandeira afirma sua profissão de fé numa nova poesia, "suja" das marcas da vida, ágil, viva, crítica, capaz de "fazer o leitor satisfeito de si dar o desespero". Assimila a ideia de Charles Baudelaire, para quem o poeta perdera a condição de ser iluminado, já que sua aura caíra na lama da vida moderna. O poeta torna-se um homem comum, sórdido e falível como qualquer outro. E, no entanto, consciente de que sua missão é sair às ruas à procura da poesia da vida cotidiana.

> Vou lançar a teoria do poeta sórdido.
>
> Poeta sórdido:

---

9   Idem. Infância. Ibidem, p. 88.

Aquele em cuja poesia há a marca suja da vida.

[...]

O poema deve ser como a nódoa no brim:
Fazer o leitor satisfeito de si dar o desespero.[10]

O poema-título "Belo belo" condensa a atitude do poeta diante da vida e da arte, um torneio tenso do ser e do querer em face dos limites e das impossibilidades. Desejo, circunstâncias, empecilhos; eis o que é viver. O remédio reside em poder traduzir os dilemas em palavras, em que a tensão se manifesta de maneira muito simples e objetiva: "Tenho tudo que não quero/ Não tenho nada que quero".[11]

Há em Bandeira uma adesão crítica à realidade cotidiana que se superpõe à vontade individual não como força do destino, mas como consequências do fato de estarmos sujeitos às engrenagens da vida com suas imposições inescapáveis, cujo termo é a morte. Ele viveu próximo à morte, graças à tuberculose que o ameaçou desde a juventude, e encontrou na poesia talvez a forma de mitigar a pressão da doença, adiando a visita da "indesejada das gentes", conforme aponta no poema "O homem e a morte".

A visão lírica do cotidiano e o domínio da linguagem levam Bandeira a produzir poemas a partir de notícias, fatos, lembranças, reflexões ligeiras. Entretanto, sua poesia transcende os motivos e se torna atemporal, pela constância do efeito lírico da elaboração, dos torneios semânticos dos versos, do ritmo e musicalidade impecáveis. São notáveis em sua obra a compreensão da vida, a aceitação do acaso, a leveza ao lidar com os fatos inexoráveis da existência, a capacidade de assimilar as vicissitudes, a

---

10 Idem. Nova poética. Ibidem, p. 75.
11 Idem. Belo belo. Ibidem, p. 49.

ironia comedida que transforma a fragilidade da vida em aforismos poéticos.

Nos poemas de *Belo belo* encontramos uma amostra valiosa da obra de um poeta erudito, de senso crítico e estético apurados. Manuel Bandeira foi seguramente o principal poeta que construiu e orientou, ao lado de Mário de Andrade, os novos rumos da nossa arte lírica, num trabalho permanente de pesquisa e renovação da poesia brasileira do século XX.

Aleilton Fonseca

Belo belo

Brisa

Vamos viver no Nordeste, Anarina.
Deixarei aqui meus amigos, meus livros, minhas
[riquezas, minha vergonha.
Deixarás aqui tua filha, tua avó, teu marido, teu
[amante.
Aqui faz muito calor.
No Nordeste faz calor também.
Mas lá tem brisa:
Vamos viver de brisa, Anarina.

Poema só para Jaime Ovalle

Quando hoje acordei, ainda fazia escuro
(Embora a manhã já estivesse avançada).
Chovia.
Chovia uma triste chuva de resignação
Como contraste e consolo ao calor tempestuoso da
[noite.
Então me levantei,
Bebi o café que eu mesmo preparei,
Depois me deitei novamente, acendi um cigarro e
[fiquei pensando...
– Humildemente pensando na vida e nas mulheres
[que amei.

Escusa

Eurico Alves, poeta baiano,
Salpicado de orvalho, leite cru e tenro cocô de
[cabrito,
Sinto muito, mas não posso ir a Feira de Sant'Ana.

Sou poeta da cidade.
Meus pulmões viraram máquinas inumanas e
[aprenderam a respirar o gás carbônico
[das salas de cinema.
Como o pão que o diabo amassou.
Bebo leite de lata.
Falo com A., que é ladrão.
Aperto a mão de B., que é assassino.
Há anos que não vejo romper o sol, que não lavo os
[olhos nas cores das madrugadas.

Eurico Alves, poeta baiano,
Não sou mais digno de respirar o ar puro dos currais
[da roça.

Tema e voltas

Mas para quê
Tanto sofrimento,
Se nos céus há o lento
Deslizar da noite?

Mas para quê
Tanto sofrimento,
Se lá fora o vento
É um canto na noite?

Mas para quê
Tanto sofrimento,
Se agora, ao relento,
Cheira a flor da noite?

Mas para quê
Tanto sofrimento,
Se o meu pensamento
É livre na noite?

Canto de Natal

O nosso menino
Nasceu em Belém.
Nasceu tão somente
Para querer bem.

Nasceu sobre as palhas
O nosso menino.
Mas a mãe sabia
Que ele era divino.

Vem para sofrer
A morte na cruz,
O nosso menino.
Seu nome é Jesus.

Por nós ele aceita
O humano destino:
Louvemos a glória
De Jesus menino.

Sextilhas românticas

Paisagens da minha terra,
Onde o rouxinol não canta
– Mas que importa o rouxinol?
Frio, nevoeiros da serra
Quando a manhã se levanta
Toda banhada de sol!

Sou romântico? Concedo.
Exibo, sem evasiva,
A alma ruim que Deus me deu.
Decorei "Amor e medo",
"No lar", "Meus oito anos"... Viva
José Casimiro Abreu!

Sou assim, por vício inato.
Ainda hoje gosto de *Diva*,
Nem não posso renegar
Peri tão pouco índio, é fato,
Mas tão brasileiro... Viva,
Viva José de Alencar!

Paisagens da minha terra,
Onde o rouxinol não canta
– Pinhões para o rouxinol!
Frio, nevoeiros da serra

Quando a manhã se levanta
Toda banhada de sol!

Ai tantas lembranças boas!
Massangana de Nabuco!
Muribara de meus pais!
Lagoas das Alagoas,
Rios do meu Pernambuco,
Campos de Minas Gerais!

17 de março de 1945

Improviso

Cecília, és libérrima e exata
Como a concha.
Mas a concha é excessiva matéria,
E a matéria mata.

Cecília, és tão forte e tão frágil
Como a onda ao termo da luta.
Mas a onda é água que afoga:
Tu, não, és enxuta.

Cecília, és, como o ar,
Diáfana, diáfana.
Mas o ar tem limites:
Tu, quem te pode limitar?

Definição:
Concha, mas de orelha;
Água, mas de lágrima;
Ar com sentimento.
– Brisa, viração
Da asa de uma abelha.

7 de outubro de 1945

O homem e a morte

Romance desentranhado de
"Um retrato da morte" de Fidelino de Figueiredo.

O homem já estava deitado
Dentro da noite sem cor.
Ia adormecendo, e nisto
À porta um golpe soou.
Não era pancada forte.
Contudo, ele se assustou,
Pois nela uma qualquer coisa
De pressago adivinhou.
Levantou-se e junto à porta
– Quem bate? ele perguntou.
– Sou eu, alguém lhe responde.
– Eu quem? torna. – A Morte sou.
Um vulto que bem sabia
Pela mente lhe passou:
Esqueleto armado de foice
Que a mãe lhe um dia levou.
Guardou-se de abrir a porta,
Antes ao leito voltou,
E nele os membros gelados
Cobriu, hirto de pavor.
Mas a porta, manso, manso,
Se foi abrindo e deixou
Ver – uma mulher ou anjo?
Figura toda banhada
De suave luz interior.
A luz de quem nesta vida

Tudo viu, tudo perdoou.
Olhar inefável como
De quem ao peito o criou.
Sorriso igual ao da amada
Que amara com mais amor.
– Tu és a Morte? pergunta.
E o Anjo torna: – A Morte sou!
Venho trazer-te descanso
Do viver que te humilhou.
– Imaginava-te feia,
Pensava em ti com terror...
És mesmo a Morte? ele insiste.
– Sim, torna o Anjo, a Morte sou,
Mestra que jamais engana,
A tua amiga melhor.
E o Anjo foi-se aproximando,
A fronte do homem tocou,
Com infinita doçura
As magras mãos lhe compôs.
Depois com o maior carinho
Os dois olhos lhe cerrou...
Era o carinho inefável
De quem ao peito o criou.
Era a doçura da amada
Que amara com mais amor.

7 de dezembro de 1945

Letra para uma valsa romântica

A tarde agoniza
Ao santo acalanto
Da noturna brisa.
E eu, que também morro,
Morro sem consolo,
Se não vens, Elisa!

Ai nem te humaniza
O pranto que tanto
Nas faces desliza
Do amante que pede
Suplicantemente
Teu amor, Elisa!

Ri, desdenha, pisa!
Meu canto, no entanto,
Mais te diviniza,
Mulher diferente,
Tão indiferente,
Desumana Elisa!

Tempo-será

A Eternidade está longe
(Menos longe que o estirão
Que existe entre o meu desejo
E a palma de minha mão).

Um dia serei feliz?
Sim, mas não há de ser já:
A Eternidade está longe,
Brinca de tempo-será.

No vosso e em meu coração

Espanha no coração:
No coração de Neruda,
No vosso e em meu coração.
Espanha da liberdade,
Não a Espanha da opressão.
Espanha republicana:
A Espanha de Franco, não!
Velha Espanha de Pelaio,
Do Cid, do Grã-Capitão!
Espanha de honra e verdade,
Não a Espanha da traição!
Espanha de Dom Rodrigo,
Não a do Conde Julião!
Espanha republicana:
A Espanha de Franco, não!
Espanha dos grandes místicos,
Dos santos poetas, de João
Da Cruz, de Teresa de Ávila
E de Frei Luís de Leão!
Espanha da livre crença,
Jamais a da Inquisição!
Espanha de Lope e Góngora,
De Goia e Cervantes, não
A de Filipe Segundo
Nem Fernando, o balandrão!

Espanha que se batia
Contra o corso Napoleão!
Espanha da liberdade:
A Espanha de Franco, não!
Espanha republicana,
Noiva da revolução!
Espanha atual de Picasso,
De Casals, de Lorca, irmão
Assassinado em Granada!
Espanha no coração
De Pablo Neruda, Espanha
No vosso e em meu coração!

A Mário de Andrade ausente

Anunciaram que você morreu.
Meus olhos, meus ouvidos testemunham:
A alma profunda, não.
Por isso não sinto agora a sua falta.

Sei bem que ela virá
(Pela força persuasiva do tempo).
Virá súbito um dia,
Inadvertida para os demais.
Por exemplo assim:
À mesa conversarão de uma coisa e outra,
Uma palavra lançada à toa
Baterá na franja dos lutos de sangue,
Alguém perguntará em que estou pensando,
Sorrirei sem dizer que em você
Profundamente.

Mas agora não sinto a sua falta.
(É sempre assim quando o ausente
Partiu sem se despedir:
Você não se despediu.)

Você não morreu: ausentou-se.
Direi: Faz tempo que ele não escreve.

Irei a São Paulo: você não virá ao meu hotel.
Imaginarei: Está na chacrinha de São Roque.
Saberei que não, você ausentou-se. Para outra vida?
A vida é uma só. A sua continua
Na vida que você viveu.
Por isso não sinto agora a sua falta.

O lutador

Buscou no amor o bálsamo da vida,
Não encontrou senão veneno e morte.
Levantou no deserto a roca-forte
Do egoísmo, e a roca em mar foi submergida!

Depois de muita pena e muita lida,
De espantoso caçar de toda sorte,
Venceu o monstro de desmedido porte
– A ululante Quimera espavorida!

Quando morreu, línguas de sangue ardente,
Aleluias de fogo acometiam,
Tomavam todo o céu de lado a lado,

E longamente, indefinidamente,
Como um coro de ventos sacudiam
Seu grande coração transverberado!

30 de setembro – 1º de outubro de 1945

Esparsa triste

Jaime Ovalle, poeta, homem triste,
Faz treze anos que tu partiste
Para Londres imensa e triste.
Ias triste: voltaste mais triste.

Ora partes de novo. Existe
Um motivo a que não resiste
Tua tristeza, poeta, homem triste?
Queira Deus não voltes mais triste...

13 de janeiro de 1946

Belo belo

Belo belo minha bela
Tenho tudo que não quero
Não tenho nada que quero
Não quero óculos nem tosse
Nem obrigação de voto
Quero quero
Quero a solidão dos píncaros
A água da fonte escondida
A rosa que floresceu
Sobre a escarpa inacessível
A luz da primeira estrela
Piscando no lusco-fusco
Quero quero
Quero dar a volta ao mundo
Só num navio de vela
Quero rever Pernambuco
Quero ver Bagdá e Cusco
Quero quero
Quero o moreno de Estela
Quero a brancura de Elisa
Quero a saliva de Bela
Quero as sardas de Adalgisa
Quero quero tanta coisa
Belo belo
Mas basta de lero-lero
Vida noves fora zero.

Petrópolis, fevereiro de 1947

Neologismo

Beijo pouco, falo menos ainda.
Mas invento palavras
Que traduzem a ternura mais funda
E mais cotidiana.
Inventei, por exemplo, o verbo teadorar.
Intransitivo:
Teadoro, Teodora.

Petrópolis, 25 de fevereiro de 1947

A realidade e a imagem

O arranha-céu sobe no ar puro lavado pela chuva
E desce refletido na poça de lama do pátio.
Entre a realidade e a imagem, no chão seco que as
[separa,
Quatro pombas passeiam.

Poema para Santa Rosa

Pousa na minha a tua mão, protonotária.
O alexandrino, ainda que sem a cesura mediana,
                                      [aborrece-me.
Depois, eu mesmo já escrevi: Pousa a mão na minha
                                      [testa.
E Raimundo Correia: "Pousa aqui, pousa ali, etc."
É Pouso demais. Basta Pouso Alto.
Tão distante e tão presente. Como uma reminiscência
                                      [da infância.
Pousa na minha a tua mão, protonotária.
Gosto de "protonotária".
Me lembra meu pai.
E pinta bem a quem eu quero.
Sei que ela vai perguntar: – O que é protonotária?
Responderei:
– Protonotário é o dignitário da Cúria Romana
          [que expede, nas grandes causas, os atos
          [que os simples notários apostólicos
          [expedem nas pequenas.
E ela: – Será o Benedito?

– Meu bem, minha ternura é um fato, mas não
                         [gosta de se mostrar:
É dentuça e dissimulada.
Santa Rosa me compreende.

Pousa na minha a tua mão, protonotária.

Céu

A criança olha
Para o céu azul.
Levanta a mãozinha,
Quer tocar o céu.

Não sente a criança
Que o céu é ilusão:
Crê que o não alcança,
Quando o tem na mão.

Resposta a Vinicius

Poeta sou; pai, pouco; irmão, mais.
Lúcido, sim; eleito, não.
E bem triste de tantos ais
Que me enchem a imaginação.

Com que sonho? Não sei bem não.
Talvez com me bastar, feliz
– Ah feliz como jamais fui! –,
Arrancando do coração
– Arrancando pela raiz –
Este anseio infinito e vão
De possuir o que me possui.

Minha terra

Saí menino de minha terra.
Passei trinta anos longe dela.
De vez em quando me diziam:
Sua terra está completamente mudada,
Tem avenidas, arranha-céus...
É hoje uma bonita cidade!

Meu coração ficava pequenino.

Revi afinal o meu Recife.
Está de fato completamente mudado.
Tem avenidas, arranha-céus.
É hoje uma bonita cidade.

Diabo leve quem pôs bonita a minha terra!

O bicho

Vi ontem um bicho
Na imundície do pátio
Catando comida entre os detritos.

Quando achava alguma coisa,
Não examinava nem cheirava:
Engolia com voracidade.

O bicho não era um cão,
Não era um gato,
Não era um rato.

O bicho, meu Deus, era um homem.

Rio, 27 de dezembro de 1947

Visita noturna

Bateram à minha porta,
Fui abrir, não vi ninguém.
Seria a alma da morta?

Não vi ninguém, mas alguém
Entrou no quarto deserto
E o quarto logo mudou.
Deitei-me na cama, e perto
Da cama alguém se sentou.

Seria a sombra da morta?
Que morta? A inocência? A infância?
O que concebido, abortou,
Ou o que foi e hoje é só distância?

Pois bendita a que voltou!
Três vezes bendita a morta,
Quem quer que ela seja, a morta
Que bateu à minha porta.

Rio, dezembro de 1947

José Cláudio

Da outra vida,
Moreno,
Olha-me de face,
Com o bonito sorriso Pontual
Adoçado pela bondade do nosso avô Costa Ribeiro.
Olha-me de face,
Bem de face,
Com os olhos leais,
Moreno.

Conta-me o que tens visto,
Que músicas ouves agora.
Lembras-te ainda do cheiro dos banguês de
[Pernambuco?
Das tuas correrias de menino pelos descampados da
[Gávea?
Lembras-te ainda da ponte que construíste sobre o
[Paraguai?
Do pastoril de Cícero?
Lembras-te ainda das pescarias de Cabo Frio?
(Elas te deram não sei que ar salino e veleiro,
Moreno.)

O espanto que nos deixaste!
Como fizeste crescer em nós o mistério augusto da
[morte!

Todavia,
Não te lamento não:
A vida,
Esta vida,
Carlos já disse,
Não presta.
Mas o vazio de quem
Eras marido e filho?
– Filho único, Moreno.

O rio

Ser como o rio que deflui
Silencioso dentro da noite.
Não temer as trevas da noite.
Se há estrelas nos céus, refleti-las.
E se os céus se pejam de nuvens,
Como o rio as nuvens são água,
Refleti-las também sem mágoa
Nas profundidades tranquilas.

Petrópolis, 1948

Presepe

Chorava o menino.

Para a mãe, coitada,
Jesus pequenito,
De qualquer maneira
(Mães o sabem...), era
Das entranhas dela
O fruto bendito.
José, seu marido,
Ah esse aceitava,
Carpinteiro simples,
O que Deus mandava.
Conhecia o filho
A que vinha neste
Mundo tão bonito,
Tão mal-habitado?
Não que ele temesse
O humano flagício:
O fel e o vinagre,
Escárnios, açoites,
O lenho nos ombros,
A lança na ilharga,
A morte na cruz.
Mais do que tudo isso
O amedrontaria

A dor de ser homem,
O horror de ser homem,
– Esse bicho estranho
Que desarrazoa
Muito presumido
De sua razão;
– Esse bicho estranho
Que se agita em vão;
Que tudo deseja
Sabendo que tudo
É o mesmo que nada;
– Esse bicho estranho
Que tortura os que ama;
Que até mata, estúpido,
Ao seu semelhante
No ilusivo intento
De fazer o bem!
Os anjos cantavam
Que o menino viera
Para redimir
O homem – essa absurda
Imagem de Deus!
Mas o jumentinho,
Tão manso e calado
Naquele inefável,

Divino momento,
Esse bem sabia
Que inútil seria
Todo o sofrimento
No Sinédrio, no horto,
Nos cravos da cruz;
Que inútil seria
O fel e vinagre
Do bestial flagício;
Ele bem sabia
Que seria inútil
O maior milagre;
Que inútil seria
Todo sacrifício...

1949

Nova poética

Vou lançar a teoria do poeta sórdido.
Poeta sórdido:
Aquele em cuja poesia há a marca suja da vida.
Vai um sujeito,
Sai um sujeito de casa com a roupa de brim branco
    [muito bem engomada, e na primeira esquina
    [passa um caminhão, salpica-lhe o paletó
       [ou a calça de uma nódoa de lama:
É a vida.

O poema deve ser como a nódoa no brim:
Fazer o leitor satisfeito de si dar o desespero.

Sei que a poesia é também orvalho.
Mas este fica para as menininhas, as estrelas alfas, as
    [virgens cem por cento e as amadas que
    [envelheceram sem maldade.

19 de maio de 1949

Unidade

Minh'alma estava naquele instante
Fora de mim longe muito longe

Chegaste
E desde logo foi verão
O verão com as suas palmas os seus mormaços os
       [seus ventos de sôfrega mocidade
Debalde os teus afagos insinuavam quebranto e
                          [molície
O instinto de penetração já despertado
Era como uma seta de fogo

Foi então que minh'alma veio vindo
Veio vindo de muito longe
Veio vindo
Para de súbito entrar-me violenta e sacudir-me todo
No momento fugaz da unidade.

1948

Arte de amar

Se queres sentir a felicidade de amar, esquece a tua
[alma.
A alma é que estraga o amor.
Só em Deus ela pode encontrar satisfação.
Não noutra alma.
Só em Deus – ou fora do mundo.

As almas são incomunicáveis.

Deixa o teu corpo entender-se com outro corpo.

Porque os corpos se entendem, mas as almas não.

As três Marias

Atrás destas moitas,
Nos troncos, no chão,
Vi, traçado a sangue,
O signo-salmão!

Há larvas, há lêmures
Atrás destas moitas.
Mulas sem cabeça,
Visagens afoitas.

Atrás destas moitas
Veio a Moura-Torta
Comer as mãozinhas
Da menina morta!

Há bruxas luéticas
Atrás destas moitas,
Segredando à aragem
Amorosas coitas.

Atrás destas moitas
Vi um rio de fundas
Águas deletérias,
Paradas, imundas!

Atrás destas moitas...
– Que importa? Irei vê-las?
Regiões mais sombrias
Conheço. Sou poeta,
Dentro d'alma levo,
Levo três estrelas,
Levo as três Marias!

Petrópolis, 2 de janeiro de 1950

Flor de todos os tempos

Dantes a tua pele sem rugas,
A tua saúde
Escondiam o que era
Tu mesma.

Aquela que balbuciava
Quase inconscientemente:
"Podem entrar".

A que me apertava os dedos
Desesperadamente
Com medo de morrer.

A menina.
O anjo.
A flor de todos os tempos.
A que não morrerá nunca.

Infância

Corrida de ciclistas.
Só me lembro de um bambual debruçado no rio.
Três anos?
Foi em Petrópolis.
Procuro mais longe em minhas reminiscências.
Quem me dera recordar a teta negra de
[minh'ama de leite...
...meus olhos não conseguem romper os ruços
[definitivos do tempo.

Ainda em Petrópolis... um pátio de hotel...
[brinquedos pelo chão...

Depois a casa de São Paulo.
Miguel Guimarães, alegre, míope e mefistofélico,
Tirando reloginhos de plaquê da concha de minha
[orelha.
O urubu pousado no muro do quintal.
Fabrico uma trombeta de papel.
Comando...
O urubu obedece.
Fujo, aterrado do meu primeiro gesto de magia.

Depois... a praia de Santos...

Corridas em círculos riscados na areia...

Outra vez Miguel Guimarães, juiz de chegada, com
[os seus presentinhos.

A ratazana enorme apanhada na ratoeira.

Outro bambual...

O que inspirou a meu irmão o seu único poema:

"Eu ia por um caminho,
Encontrei um maracatu.
O qual vinha direitinho
Pelas flechas de um bambu."

As marés de equinócio.

O jardim submerso...

Meu tio Cláudio erguendo do chão uma ponta de
[mastro destroçado.

Poesia dos naufrágios!

Depois Petrópolis novamente.

Eu, junto do tanque, de linha amarrada no incisivo
[de leite, sem coragem de puxar.

Véspera de Natal... Os chinelinhos atrás da porta...
E a manhã seguinte, na cama, deslumbrado com os
[brinquedos trazidos pela fada.

E a chácara da Gávea?
E a casa da Rua Don'Ana?

Boy, o primeiro cachorro.
Não haveria outro nome depois
(Em casa até as cadelas se chamavam Boy).

Medo de gatunos...
Para mim eram homens com cara de pau.

A volta a Pernambuco!
Descoberta dos casarões de telha-vã.
Meu avô materno – um santo...
Minha avó batalhadora.

A casa da Rua da União.
O pátio – núcleo de poesia.
O banheiro – núcleo de poesia.
O cambrone – núcleo de poesia (*"la fraîcheur des*
[*latrines!"*).

A alcova de música – núcleo de mistério.
Tapetinhos de peles de animais.
Ninguém nunca ia lá... Silêncio... Obscuridade...
O piano de armário, teclas amarelecidas, cordas
[desafinadas.

Descoberta da rua!
Os vendedores a domicílio.
Ai mundo dos papagaios de papel, dos piões, da
[amarelinha!

Uma noite a menina me tirou da roda de coelho-sai,
[me levou, imperiosa e ofegante, para um
[desvão da casa de Dona Aninha
[Viegas, levantou a sainha e
[disse mete.

Depois meu avô... Descoberta da morte!

Com dez anos vim para o Rio.
Conhecia a vida em suas verdades essenciais.
Estava maduro para o sofrimento
E para a poesia.

Cronologia

1886

A 19 de abril, nasce Manuel Carneiro de Souza Bandeira Filho, em Recife. Seus pais, Manuel Carneiro de Souza Bandeira e Francelina Ribeiro de Souza Bandeira.

1890

A família se transfere para o Rio de Janeiro, depois para Santos, São Paulo e novamente para o Rio de Janeiro.

1892

Volta para Recife.

1896-1902

Novamente no Rio de Janeiro, cursa o externato do Ginásio Nacional, atual Colégio Pedro II.

1903-1908

Transfere-se para São Paulo, onde cursa a Escola Politécnica. Por influência do pai, começa a estudar arquitetura. Em 1904, doente (tuberculose), volta ao Rio de Janeiro para se tratar. Em seguida, ainda em tratamento, reside em Campanha, Teresópolis, Maranguape, Uruquê e Quixeramobim.

1913

Segue para a Europa, para tratar-se no sanatório de Clavadel, Suíça. Tenta publicar um primeiro livro, *Poemetos melancólicos*, perdido no sanatório quando o poeta retorna ao Brasil.

1916

Morre a mãe do poeta.

1917

Publica o primeiro livro, *A cinza das horas*.

1918

Morre a irmã do poeta, sua enfermeira desde 1904.

1919

Publica *Carnaval*.

1920

Morre o pai do poeta.

1922

Em São Paulo, Ronald de Carvalho lê o poema "Os sapos", de *Carnaval*, na Semana de Arte Moderna. Morre o irmão do poeta.

1924

Publica *Poesias*, que reúne *A cinza das horas*, *Carnaval* e *O ritmo dissoluto*.

1925

Começa a escrever para o "Mês Modernista", página dos modernistas em *A Noite*.
Exerce a crítica musical nas revistas *A Ideia Ilustrada* e *Ariel*.

1926

Como jornalista, viaja por Salvador, Recife, João Pessoa, Fortaleza, São Luís e Belém.

1928-1929

Viaja a Minas Gerais e São Paulo. Como fiscal de bancas examinadoras, viaja para Recife. Começa a escrever crônicas para o *Diário Nacional*, de São Paulo, e *A Província*, do Recife.

1930

Publica *Libertinagem*.

1935

Nomeado pelo ministro Gustavo Capanema inspetor de ensino secundário.

1936

Publica *Estrela da manhã*, em edição fora de comércio.

Os amigos publicam *Homenagem a Manuel Bandeira*, com poemas, estudos críticos e comentários sobre sua vida e obra.

1937

Publica *Crônicas da Província do Brasil*, *Poesias escolhidas* e *Antologia dos poetas brasileiros da fase romântica*.

1938

Nomeado pelo ministro Gustavo Capanema professor de literatura do Colégio Pedro II e membro do Conselho Consultivo do Departamento do Patrimônio Histórico e Artístico Nacional.

Publica *Antologia dos poetas brasileiros da fase parnasiana* e o ensaio *Guia de Ouro Preto*.

1940

Publica *Poesias completas* e os ensaios *Noções de história das literaturas* e *A autoria das "Cartas chilenas"*.
Eleito para a Academia Brasileira de Letras.

1941

Exerce a crítica de artes plásticas em *A Manhã*, do Rio de Janeiro.

1942

Eleito para a Sociedade Felipe d'Oliveira. Organiza *Sonetos completos e poemas escolhidos*, de Antero de Quental.

1943

Nomeado professor de literatura hispano-americana na Faculdade Nacional de Filosofia. Deixa o Colégio Pedro II.

1944

Publica uma nova edição ampliada das suas *Poesias completas* e organiza *Obras poéticas*, de Gonçalves Dias.

1945

Publica *Poemas traduzidos*.

1946

Publica *Apresentação da poesia brasileira*, *Antologia dos poetas*

brasileiros bissextos contemporâneos e, no México, *Panorama de la poesía brasileña.*
Conquista o Prêmio de Poesia do IBEC.

1948

Publica *Mafuá do malungo: jogos onomásticos e outros versos de circunstância,* em edição fora de comércio, um novo volume de *Poesias escolhidas* e novas edições aumentadas de *Poesias completas* e *Poemas traduzidos.*
Organiza *Rimas,* de José Albano.

1949

Publica o ensaio *Literatura hispano-americana.*

1951

A convite de amigos, candidata-se a deputado pelo Partido Socialista Brasileiro, mas não se elege.
Publica nova edição, novamente aumentada, das *Poesias completas.*

1952

Publica *Opus 10,* em edição fora de comércio, e a biografia *Gonçalves Dias.*

1954

Publica as memórias *Itinerário de Pasárgada* e o livro de ensaios *De poetas e de poesia.*

1955

Publica *50 poemas escolhidos pelo autor* e *Poesias.* Começa a escrever crônicas para o *Jornal do Brasil,* do Rio de Janeiro, e *Folha da Manhã,* de São Paulo.

1956

Publica o ensaio *Versificação em língua portuguesa,* uma nova edição de *Poemas traduzidos* e, em Lisboa, *Obras poéticas.*
Aposenta-se compulsoriamente como professor de literatura hispano-americana da Faculdade Nacional de Filosofia.

1957

Publica o livro de crônicas *Flauta de papel* e a edição conjunta *Itinerário de Pasárgada/De poetas e de poesia.*
Viaja para Holanda, Inglaterra e França.

1958

Publica *Poesia e prosa* (obra reunida, em dois volumes), a antologia *Gonçalves Dias*, uma nova edição de *Noções de história das literaturas* e, em Washington, *Brief History of Brazilian Literature*.

1960

Publica *Pasárgada*, *Alumbramentos* e *Estrela da tarde*, todos em edição fora de comércio, e, em Paris, *Poèmes*.

1961

Publica *Antologia poética*. Começa a escrever crônicas para o programa *Quadrante*, da Rádio Ministério da Educação.

1962

Publica *Poesia e vida de Gonçalves Dias*.

1963

Publica a segunda edição de *Estrela da tarde* (acrescida de poemas inéditos e da tradução de *Auto sacramental do Divino Narciso*, de Sóror Juana Inés de la Cruz) e a antologia *Poetas do Brasil*, organizada em parceria com José Guilherme Merquior. Começa a escrever crônicas para o programa *Vozes da cidade*, da Rádio Roquette-Pinto.

1964

Publica em Paris o livro *Manuel Bandeira*, com tradução e organização de Michel Simon, e, em Nova York, *Brief History of Brazilian Literature*.

1965

Publica *Rio de Janeiro em prosa & verso*, livro organizado em parceria com Carlos Drummond de Andrade, *Antologia dos poetas brasileiros da fase simbolista* e, em edição fora de comércio, o álbum *Preparação para a morte*.

1966

Recebe, das mãos do presidente da República, a Ordem do Mérito Nacional.
Publica *Os reis vagabundos e mais 50 crônicas*, com organização de Rubem Braga, *Estrela da vida inteira* (poesia completa) e o livro de crônicas *Andorinha, andorinha*, com organização de Carlos Drummond de Andrade.

Conquista o título de Cidadão Carioca, da Assembleia Legislativa do Estado da Guanabara, e o Prêmio Moinho Santista.

1967

Publica *Poesia completa e prosa*, em volume único, e a *Antologia dos poetas brasileiros da fase moderna*, em dois volumes, organizada em parceria com Walmir Ayala.

1968

Publica o livro de crônicas *Colóquio unilateralmente sentimental*. Falece a 13 de outubro, no Rio de Janeiro.

Bibliografia básica sobre Manuel Bandeira

ANDRADE, Carlos Drummond de. Entre Bandeira e Oswald de Andrade. In: _____. *Tempo vida poesia*: confissões no rádio. Rio de Janeiro: Record, 1986.

_____. Manuel Bandeira. In: _____. *Passeios na ilha*: divagações sobre a vida literária e outras matérias. Rio de Janeiro: Organização Simões, 1952.

_____ et al. *Homenagem a Manuel Bandeira*. Rio de Janeiro: Typ. do *Jornal do Commercio*, 1936. 2. ed. fac-similar. São Paulo: Metal Leve, 1986.

ANDRADE, Mário de. A poesia em 1930. In: _____. *Aspectos da literatura brasileira*. 5. ed. São Paulo: Martins, 1974.

ARRIGUCCI JR., Davi. A beleza humilde e áspera. In: _____. *O cacto e as ruínas*: a poesia entre outras artes. 2. ed. São Paulo: Duas Cidades/Editora 34, 2000.

_____. Achados e perdidos. In: _____. *Outros achados e perdidos*. São Paulo: Companhia das Letras, 1999.

_____. *Humildade, paixão e morte*: a poesia de Manuel Bandeira. São Paulo: Companhia das Letras, 1990.

_____. O humilde cotidiano de Manuel Bandeira. In: SCHWARZ, Roberto (Org.). *Os pobres na literatura brasileira*. São Paulo: Brasiliense, 1983.

BACIU, Stefan. *Manuel Bandeira de corpo inteiro*. Rio de Janeiro: José Olympio, 1966.

BARBOSA, Francisco de Assis. *Manuel Bandeira, 100 anos de poesia*: síntese da vida e obra do poeta maior do Modernismo. Recife: Pool, 1988.

_____. Manuel Bandeira, estudante do Colégio Pedro II. In: _____. *Achados do vento*. Rio de Janeiro: Ministério da Educação e Cultura/Instituto Nacional do Livro, 1958.

BEZERRA, Elvia. *A trinca do Curvelo*: Manuel Bandeira, Ribeiro Couto e Nise da Silveira. Rio de Janeiro: Topbooks, 1995.

BRASIL, Assis. *Manuel e João*: dois poetas pernambucanos. Rio de Janeiro: Imago, 1990.

BRAYNER, Sônia (Org.). *Manuel Bandeira*. Rio de Janeiro: Civilização Brasileira; Brasília: Instituto Nacional do Livro, 1980.

CANDIDO DE MELLO E SOUZA, Antonio. Carrossel. In: _____. *Na sala de aula*: caderno de análise literária. São Paulo: Ática, 1985.

_____; MELLO E SOUZA, Gilda de. Introdução. In: BANDEIRA, Manuel. *Estrela da vida inteira*: poesias reunidas. Rio de Janeiro: José Olympio, 1966.

CARPEAUX, Otto Maria. Bandeira. In: _____. *Ensaios reunidos*: 1942-1968. Rio de Janeiro: UniverCidade/ Topbooks, 1999.

_____. Última canção – vasto mundo. In: _____. *Origens e fins*. Rio de Janeiro: Casa do Estudante do Brasil, 1943.

CASTELLO, José Aderaldo. Manuel Bandeira – sob o signo da infância. In: _____. *A literatura brasileira*: origens e unidade. São Paulo: Edusp, 1999. v. 2.

COELHO, Joaquim-Francisco. *Biopoética de Manuel Bandeira*. Recife: Massangana, 1981.

_____. *Manuel Bandeira pré-modernista*. Rio de Janeiro: José Olympio; Brasília: Instituto Nacional do Livro, 1982.

CORRÊA, Roberto Alvim. Notas sobre a poesia de Manuel Bandeira. In: _____. *Anteu e a crítica*: ensaios literários. Rio de Janeiro: José Olympio, 1948.

COUTO, Ribeiro. *Três retratos de Manuel Bandeira*. Organização de Elvia Bezerra. Rio de Janeiro: Academia Brasileira de Letras, 2004.

ESPINHEIRA FILHO, Ruy. *Forma e alumbramento*: poética e poesia em Manuel Bandeira. Rio de Janeiro: José Olympio/Academia Brasileira de Letras, 2004.

FONSECA, Edson Nery da. *Alumbramentos e perplexidades*: vivências bandeirianas. São Paulo: Arx, 2002.

FREYRE, Gilberto. A propósito de Manuel Bandeira. In: _____. *Tempo de aprendiz*. São Paulo: Ibrasa; Brasília: Instituto Nacional do Livro, 1979.

_____. Dos oito aos oitenta. In: _____. *Prefácios desgarrados*. Rio de Janeiro: Cátedra; Brasília: Instituto Nacional do Livro, 1978. v. 2.

_____. Manuel Bandeira em três tempos. In: _____. *Perfil de Euclides e outros perfis*. 2. ed. aumentada. Rio de Janeiro: Record, 1987. 3. ed. revista. São Paulo: Global, 2011.

GARBUGLIO, José Carlos. *Roteiro de leitura*: poesia de Manuel Bandeira. São Paulo: Ática, 1998.

GARDEL, André. *O encontro entre Bandeira e Sinhô*. Rio de Janeiro: Secretaria Municipal de Cultura/ Departamento Geral de Documentação e Informação Cultural/Divisão de Editoração, 1996.

GOLDSTEIN, Norma Seltzer. *Do penumbrismo ao Modernismo*: o primeiro Bandeira e outros poetas significativos. São Paulo: Ática, 1983.

_____ (Org.). *Traços marcantes no percurso poético de Manuel Bandeira*. São Paulo: Humanitas, 2005.

GOYANNA, Flávia Jardim Ferraz. *O lirismo antirromântico em Manuel Bandeira*. Recife: Fundarpe, 1994.

GRIECO, Agrippino. Manuel Bandeira. In: _____. *Poetas e prosadores do Brasil*: de Gregório de Matos a Guimarães Rosa. Rio de Janeiro: Conquista, 1968.

GUIMARÃES, Júlio Castañon. *Manuel Bandeira*: beco e alumbramento. São Paulo: Brasiliense, 1984.

_____. *Por que ler Manuel Bandeira*. São Paulo: Globo, 2008.

IVO, Lêdo. *A república da desilusão*: ensaios. Rio de Janeiro: Topbooks, 1994.

_____. Estrela de Manuel. In: _____. *Poesia observada*: ensaios sobre a criação poética e matérias afins. 2. ed. São Paulo: Duas Cidades, 1978.

_____. *O preto no branco*: exegese de um poema de Manuel Bandeira. Rio de Janeiro: São José, 1955.

JUNQUEIRA, Ivan. Humildade, paixão e morte. In: _____. *Prosa dispersa*: ensaios. Rio de Janeiro: Topbooks, 1991.

_____. *Testamento de Pasárgada*. Rio de Janeiro: Nova Fronteira, 1980. 3. ed. São Paulo: Global, 2014.

KOSHIYAMA, Jorge. O lirismo em si mesmo: leitura de "Poética" de Manuel Bandeira. In: BOSI, Alfredo (Org.). *Leitura de poesia*. São Paulo: Ática, 1996.

LIMA, Rocha. *Dois momentos da poesia de Manuel Bandeira*. Rio de Janeiro: José Olympio, 1992.

LOPEZ, Telê Porto Ancona (Org.). *Manuel Bandeira*: verso e reverso. São Paulo: T. A. Queiroz, 1987.

MARTINS, Wilson. Bandeira e Drummond... In: _____. *Pontos de vista*: crítica literária 1954-1955. São Paulo: T. A. Queiroz, 1991. v. 1.

_____. Manuel Bandeira. In: _____. *A literatura brasileira*: o Modernismo. São Paulo: Cultrix, 1965. v. 6.

MERQUIOR, José Guilherme. O Modernismo e três dos seus poetas. In: _____. *Crítica 1964-1989*: ensaios sobre arte e literatura. Rio de Janeiro: Nova Fronteira, 1990.

MILLIET, Sérgio. *Panorama da moderna poesia brasileira*. Rio de Janeiro: Ministério da Educação e Saúde/ Serviço de Documentação, 1952.

MONTEIRO, Adolfo Casais. *Manuel Bandeira*. Rio de Janeiro: Ministério da Educação e Cultura/Serviço de Documentação, 1958.

MORAES, Emanuel de. *Manuel Bandeira*: análise e interpretação literária. Rio de Janeiro: José Olympio, 1962.

MOURA, Murilo Marcondes de. *Manuel Bandeira*. São Paulo: Publifolha, 2001.

MURICY, Andrade. Manuel Bandeira. In: _____. *A nova literatura brasileira*: crítica e antologia. Porto Alegre: Globo, 1936.

_____. Manuel Bandeira. In: _____. *Panorama do movimento simbolista brasileiro*. 2. ed. Brasília: Conselho Federal de Cultura/Instituto Nacional do Livro, 1973. v. 2.

PAES, José Paulo. Bandeira tradutor ou o esquizofrênico incompleto. In: _____. *Armazém literário*: ensaios. São Paulo: Companhia das Letras, 2008.

_____. Pulmões feitos coração. In: _____. *Os perigos da poesia e outros ensaios*. Rio de Janeiro: Topbooks, 1997.

PONTIERO, Giovanni. *Manuel Bandeira*: visão geral de sua obra. Tradução de Terezinha Prado Galante. Rio de Janeiro: José Olympio, 1986.

ROSENBAUM, Yudith. *Manuel Bandeira*: uma poesia da ausência. São Paulo: Edusp; Rio de Janeiro: Imago, 1993.

SENNA, Homero. Viagem a Pasárgada. In: _____. *República das letras*: 20 entrevistas com escritores. 2. ed. revista e ampliada. Rio de Janeiro: Gráfica Olímpica, 1968.

SILVA, Alberto da Costa e. Lembranças de um encontro. In: _____. *O pardal na janela*. Rio de Janeiro: Academia Brasileira de Letras, 2002.

SILVA, Beatriz Folly e; LESSA, Maria Eduarda de Almeida Vianna. *Inventário do arquivo Manuel Bandeira*. Rio de Janeiro: Fundação Casa de Rui Barbosa, 1989.

SILVA, Maximiano de Carvalho e. *Homenagem a Manuel Bandeira*: 1986-1988. Niterói: Sociedade Sousa da Silveira; Rio de Janeiro: Monteiro Aranha/Presença, 1989.

SILVEIRA, Joel. Manuel Bandeira, 13 de março de 1966, em Teresópolis: "Venham ver! A vaca está comendo as flores do Rodriguinho. Não vai sobrar uma.

Que beleza!". In: _____. *A milésima segunda noite da avenida Paulista e outras reportagens*. São Paulo: Companhia das Letras, 2003.

VILLAÇA, Antonio Carlos. M. B. In: _____. *Encontros*. Rio de Janeiro/Brasília: Editora Brasília, 1974.

_____. Manuel, Manu. In: _____. *Diário de Faxinal do Céu*. Rio de Janeiro: Lacerda, 1998.

XAVIER, Elódia F. (Org.). *Manuel Bandeira*: 1886-1986. Rio de Janeiro: UFRJ/Antares, 1986.

XAVIER, Jairo José. *Camões e Manuel Bandeira*. Rio de Janeiro: Ministério da Educação e Cultura/ Departamento de Assuntos Culturais, 1973.

Índice de primeiros versos

A criança olha	57
A Eternidade está longe	39
A tarde agoniza	37
Anunciaram que você morreu.	43
Atrás destas moitas,	81
Bateram à minha porta,	65
Beijo pouco, falo menos ainda.	51
Belo belo minha bela	49
Buscou no amor o bálsamo da vida,	45
Cecília, és libérrima e exata	33
Chorava o menino.	71
Corrida de ciclistas.	85
Da outra vida,	67
Dantes a tua pele sem rugas,	83
Espanha no coração:	41
Eurico Alves, poeta baiano,	25
Jaime Ovalle, poeta, homem triste,	47
Mas para quê	27
Minh'alma estava naquele instante	77
O arranha-céu sobe no ar puro lavado pela chuva	53
O homem já estava deitado	35
O nosso menino	29
Paisagens da minha terra,	31
Poeta sou; pai, pouco; irmão, mais.	59
Pousa na minha a tua mão, protonotária.	55
Quando hoje acordei, ainda fazia escuro	23

Saí menino de minha terra. 61

Se queres sentir a felicidade de amar, esquece a
    tua alma. 79

Ser como o rio que deflui 69

Vamos viver no Nordeste, Anarina. 21

Vi ontem um bicho 63

Vou lançar a teoria do poeta sórdido. 75

Índice

A vida fluindo na voz do poeta – *Aleilton Fonseca*	11
Brisa	21
Poema só para Jaime Ovalle	23
Escusa	25
Tema e voltas	27
Canto de Natal	29
Sextilhas românticas	31
Improviso	33
O homem e a morte	35
Letra para uma valsa romântica	37
Tempo-será	39
No vosso e em meu coração	41
A Mário de Andrade ausente	43
O lutador	45
Esparsa triste	47
Belo belo	49
Neologismo	51
A realidade e a imagem	53
Poema para Santa Rosa	55
Céu	57
Resposta a Vinicius	59
Minha terra	61
O bicho	63
Visita noturna	65
José Cláudio	67

O rio	69
Presepe	71
Nova poética	75
Unidade	77
Arte de amar	79
As três Marias	81
Flor de todos os tempos	83
Infância	85
Cronologia	91
Bibliografia básica sobre Manuel Bandeira	97
Índice de primeiros versos	103

Conheça outros títulos de Manuel Bandeira publicados pela Global Editora:

A aranha e outros bichos

A cinza das horas

Antologia poética

Berimbau e outros poemas

Carnaval

Estrela da manhã

Estrela da tarde

Flauta de papel

Itinerário de Pasárgada

Libertinagem

Lira dos cinquent'anos

Manuel Bandeira - crônicas para jovens

Melhores crônicas Manuel Bandeira

Melhores poemas Manuel Bandeira

Meus poemas preferidos

Para querer bem

O ritmo dissoluto

Testamento de Pasárgada

Libertinagem

Libertinagem, publicado em 1930 em edição de quinhentos exemplares, é uma obra essencial de Manuel Bandeira. Muitos dos poemas que figuram neste livro são marcos da poesia brasileira, como "Vou-me embora pra Pasárgada", "Evocação do Recife" e "Pneumotórax", além de muitos outros inesquecíveis que marcaram gerações de leitores. É um desses livros raros e eternos, que não podem faltar em nenhuma biblioteca.

Embora seja seu quarto livro de poesia, *Libertinagem* é considerado o primeiro totalmente afinado com a poesia modernista do grupo da Semana de Arte Moderna de 1922, não como adesão política, mas como construção de afinidades estéticas. A busca por uma "brasilidade", o tom irreverente e o coloquialismo, daquilo que o poeta chamou "língua errada do povo, língua certa do povo", são marcas do Modernismo em Bandeira. O verso livre, grande ruptura da poesia modernista, alcança com Bandeira um novo patamar: educado na escola da forma fixa, o poeta livra-se dela sem perder o que com ela aprendeu, criando, a partir de ritmos e da musicalidade, versos perfeitamente articulados.

A poesia de Manuel Bandeira dá a impressão de uma permanente oralidade, um murmúrio interior em constante diálogo com o que há de mais moderno e popular naquele Brasil do século XX em constante transformação. Com tantos poemas memoráveis, podemos compreender porque o nome do autor está entre nossos maiores artistas da palavra.

Estrela da manhã

Estrela da manhã, publicado pela primeira vez em 1936, reafirma a posição assumida pelo poeta a partir de *Libertinagem*, seu livro anterior: a linguagem irônica alcançando a plenitude do coloquial, as nuanças de humor trágico, a insistência na poética de ruptura com a tradição, a exploração do folclore negro, o tema do "poeta sórdido", o interesse pela vertente social, a insuspeitada nostalgia da pureza.

O livro reúne alguns dos poemas mais importantes de Bandeira, a começar pelo que dá título ao livro, que se inicia pela quadra: "Eu quero a estrela da manhã/ Onde está a estrela da manhã?/ Meus amigos meus inimigos/ Procurem a estrela da manhã", e termina com o apelo doloroso: "Procurem por toda parte/ Pura ou degradada até a última baixeza/ Eu quero a estrela da manhã".

Em "Oração a Nossa Senhora da Boa Morte", o poeta revela sua religiosidade de sabor popular, tão brasileira. "Balada das três mulheres do sabonete Araxá" é uma variante moderna e um tanto irreverente de um poema famoso de Luís Delfino, "As três irmãs". Outros momentos marcantes do volume são o sintético e obsessivo "Poema do beco" ("Que importa a paisagem, a Glória, a baía, a linha do horizonte?/ – O que eu vejo é o beco"), "Momento num café", "Tragédia brasileira", "Conto cruel", "Rondó dos cavalinhos", "Marinheiro triste", estrelas de primeira grandeza da poesia brasileira.

Antologia poética

A seleção de poemas de Manuel Bandeira que compõe esta antologia franqueia ao leitor a experiência de acompanhar as transformações de um poeta de primeira cepa de nossa literatura.

Principia com os versos que fazem parte de *A cinza das horas*, ainda com os sulcos do simbolismo português. Poesias de *Carnaval*, como "Os sapos", apresentam o poeta do Castelo astuciosamente praticando o verso livre. Poemas como "Berimbau", de *O ritmo dissoluto*, sinalizam o caminhar de Bandeira rumo à quebra da cadência rítmica tradicional.

Em criações como "Poética", de *Libertinagem*, talvez tenhamos o ápice deste percurso rumo à liberdade formal, traço que tanto caracterizaria o movimento modernista. "Vou-me embora pra Pasárgada", poema que permanece até hoje ecoando no inconsciente coletivo brasileiro, projeta o desejo de se transportar para um espaço idílico onde se possa vivenciar os momentos comuns da vida. Valorizar os elementos cotidianos, inclusive, é um traço onipresente na poética bandeiriana.

Selecionados pelo próprio Bandeira, os poemas que integram esta *Antologia poética* são preciosidades do repertório poético de um dos maiores artistas brasileiros da palavra.

CTP • Impressão • Acabamento
Com arquivos fornecidos pelo Editor

EDITORA e GRÁFICA
VIDA & CONSCIÊNCIA

R. Agostinho Gomes, 2312 • Ipiranga • SP
Fone/fax: (11) 3577-3200 / 3577-3201
e-mail:grafica@vidaeconsciencia.com.br
site: www.vidaeconsciencia.com.br